MCKINSEY 7S ÇERÇEVESI

İş performansını artırın, değişime hazırlanın ve etkili stratejiler uygulayın

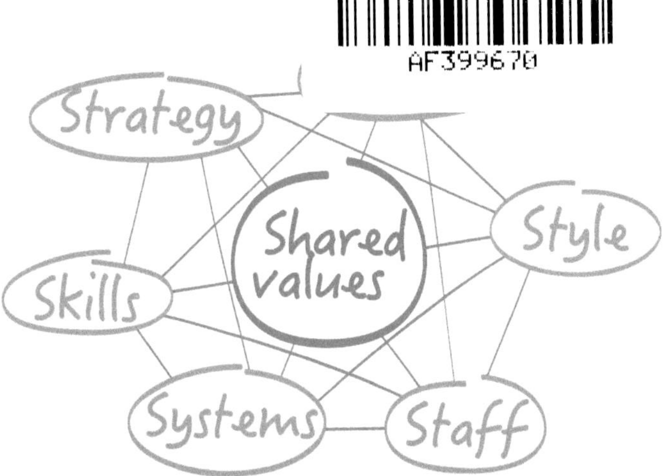

50MINUTES.com

MCKINSEY 7S ÇERÇEVESI

İş performansını artırın, değişime hazırlanın ve etkili stratejiler uygulayın

tarafından yazılmıştır Anastasia Samygin-Cherkaoui
tarafından çevrildi Baris Şahin

MCKİNSEY 7S ÇERÇEVESİ

ANAHTAR BİLGİLER

- **İsimler:** 7S, 7-S Çerçevesi, McKinsey 7S Çerçevesi.

- **Kullanım alanları:** orta ve büyük ölçekli kuruluşların yönetimi, değişime adaptasyon.

- **Neden başarılı?** Görsel olarak temsil edilmesi kolay ve çok uygulanabilir.

- **Anahtar kelimeler:** organizasyon, model, yönetim, değişim.

GİRİŞ

Tarih

McKinsey 7S çerçevesinin geçmişi 1980'lere dayanmaktadır ve ilk olarak Robert Waterman, Thomas Peters ve Julien Philips tarafından ortaklaşa yazılan *Structure is not Organization* (1980) adlı makalede tanıtılmıştır. Bir şirketin stratejisi ve organizasyonunun ana odak noktası olduğu bir dönemde ortaya çıkmıştır. Aslında, sadece kullanılan uygulamaları yeniden düzenlemeyi değil, bir işletmenin tüm organizasyonunu yeniden düşünmeyi içerir.

Bugün bu grafikler ve diyagramlar – akış şemaları, süreçler vb. – ekonomi çevrelerinde yaygın olarak kullanılmaktadır, ancak o zamanlar iki nedenden dolayı dahiyane bir fikirdi:

- Öncelikle, modelin bir atom şeklinde temsil edilmesi şaşırtıcı derecede orijinaldi;

- İkinci olarak, her bir unsur için aynı 'S' baş harfinin tekrarlanması bir aliterasyon etkisi yaratmaktadır.

Bu özelliklerin her ikisi de konseptin ezberlenmesini ve yedi unsurunun yapısının görselleştirilmesini kolaylaştırır. Nihayetinde, ününe ve uzun ömürlülüğüne katkıda bulunurlar.

Kavramın tanımı

Danışmanlık firması McKinsey tarafından geliştirilen McKinsey 7S çerçevesi, şematik olarak bir atom şeklinde gösterilen bir kurumsal teşhis aracıdır. Kavramın adı, basit bir anımsatma aracı kullanarak hem çerçeve unsurlarının sayısını hem de hepsi 's' harfiyle başlayan bileşenlerini vurgular.

 **BİLDİĞİM İYİ OLDU**

1926 yılında kurulan McKinsey, öncelikle uluslararası alanda faaliyet gösteren şirketlere yönelik olduğu için üst düzey olarak sunulan bir strateji danışmanlığı firmasıdır ve başında eski McKinsey çalışanlarına rastlamak nadir değildir.

TEORİ

McKinsey 7S Çerçevesinin başarısının önemli bir kısmı, modelin bir atom şeklinde tasvir edilmesinde yatmaktadır: bu görüntü dinamiktir ve onu oluşturan unsurlar arasındaki basit ve neredeyse bariz bağlantıyı göstermektedir. Bunları göz ardı etmeksizin, görevlerin bölünmesini ve hıza dayalı verimlilik artışlarını gösteren zincir şeklindeki diyagramlardan ve artık bilgi akışlarını da içeriyor olsalar bile geleneksel piramit akış şemalarından önemli ölçüde uzaklaşmaktadır.

1930'lardan bu yana yapılan çalışmalar insan ilişkilerinin önemini vurgulamaktadır. Bu çalışmalar, sadece profesyonel bağlantılara inanmanın bir hata olduğu sonucuna varılmasını kaçınılmaz hale getirmiştir. Aslında, çalışanlar veya çalışan grupları arasında örgütsel yapının teorik çerçevesinin ötesine geçen ilişkiler ve çıkarlar gelişir. Bu ilişkiler kesinlikle dostane olabileceği gibi çoğu zaman etkili de olabilir. Başka bir deyişle, bir kişinin hedeflerini veya değerlerini desteklemek için bilerek veya bilmeyerek bir başkasının davranışını değiştirme yeteneğine bağlıdır. Yöneticiler için öngörülemeyen bu ilişkiler, kuruluşu bir bütün olarak değiştirebildikleri için son derece önemlidir. Her birimiz, bir grup içindeki bireylerin davranışlarını değiştirdiği ve bunun da herkesin sonuçlarını değiştirdiği durumları hatırlayarak bunu doğrulayabiliriz. Takım aynı kalsa ve her üye kendi işlevini sürdürse de, antrenör değişikliğinin farklı sonuçlara yol açabildiği spor örneğini ele alalım.

Benzer şekilde, şirketler değişmekte ve dolayısıyla ihtiyaçları da değişmektedir. Elbette temel unsurlar aynı kalmaktadır: aile şirketleri, yüksek düzeyde standartlaştırılmış görevlere sahip şirketler, yetkinliklere dayalı şirketler (sermaye kazancının örneğin entelektüel hizmetlerle elde edildiği) ve sonuç odaklı şirketler hala mevcuttur. Meydana gelen değişim, önceden var olan modellerin birleşiminin bir sonucudur ve giderek daha melez yapılar aracılığıyla ortaya çıkmaktadır. Buna ek olarak, çoğu zaman uluslararasılaşma ve küreselleşme artmaktadır. Örneğin bir süpermarket bir miktar özerklikle çalışır (yapının her bir unsuru kendi içinde bir yapıdır), ancak kendisini içeren çok daha büyük bir organizasyonun (örneğimizde ulusal bir grup) parçasıdır ve bazen daha da büyük bir yapıya (uluslararası düzeyde) dahil olur.

İşte 7S modeli bu bağlamda ortaya çıkmaktadır:

Uygulamada bu temsil, her biri diğerleriyle bağlantılı, ancak merkezi bir çekirdeğe sahip farklı bileşenler arasındaki etkileşimi vurgulamaktadır. Bu çekirdek bir an için dikkat çekmeyi hak ediyor. Başlangıçta iç çember 'olağanüstü hedefleri' temsil ediyordu. Harvard Business School'da profesör ve Robert Waterman'ın (modelin kurucularından) yakın arkadaşı olan Tony Athos (1934-2002) bu hedefleri 'paylaşılan değerler' olarak değiştirme fikrine sahipti. Bu katkı önemsiz değildi: ileriye dönük unsurları (hedefler) sağlam temellerle (değerler) değiştirerek modelin felsefesini değiştirdi.

Yedi terim, kapsamlı bir düşünme ve tartışmanın sonucudur ve kesinlikle rastgele seçilmemiştir.

STRATEJİ

Strateji, kullanılacak araçları belirler. Bu durumda, stratejinin tanımlanması diğer tüm unsurlardan önce gelmelidir. Bir şirketin çevresine verdiği tepkinin bir biçimidir: maliyetleri düşürmeli, büyük miktarlarda üretim yapmalı veya hedef kitlesini hedeflemeli mi? İşini genişletmeli mi yoksa uzmanlaşmalı mı? Rakiplerine karşı agresif mi yoksa kendini farklılaştırmaya mı çalışıyor?

Şirket ve çevresi arasındaki etkileşimin bir sonucu olduğu için stratejinin hem çok önemli hem de potansiyel olarak zorlayıcı olduğunu görebiliriz. Ancak, strateji özellikle yatırımlar, ürün konumlandırma veya coğrafi konum açısından seçimlere rehberlik ettiği için aceleci davranmaya gerek yoktur. Bu nedenle aniden değişemez.

Üç tür strateji vardır:

- maliyet liderliği

- farklılaştırma (değer)

- odak (niş).

Yetersiz veya kötü tanımlanmış bir strateji zor seçimlere, gerekçesiz yatırımlara, belirli becerilerin diğerlerinin aleyhine vurgulanmasına vb. yol açabilir. Bu durum belirli bir bütünlük eksikliğine neden olabilir: şirketin uzmanlaşması veya belirli bir farklılaşma noktası yoktur. Tersine, net bir strateji belirli bir yönde ilerleyen yatırımlara ve kararlara yol açar. Eğer strateji uygunsa, misyon başarılı olmuştur. Aksi takdirde, şirketin reform yapmak için mücadele etmesi muhtemeldir.

Bunu açıklamak için süpermarketler örneğine geri döneceğiz: bazı markalar düşük fiyatlarıyla öne çıkarken, diğerleri ürünlerinin kalitesi ve özgünlüğüyle tanınır. Diğerlerinin ise özellikle ayırt edici bir özelliği yoktur. Aynı mantık bilgisayarlara ya da telefonlara da uygulanabilir: bazı markalar ya tarzlarıyla ya da kendilerine özgü teknik özellikleriyle kendilerini farklılaştırmaya çalışmaktadır. Böylece uzmanlaşmakta ve belirli bir kullanıcı tipine hitap etmektedirler. Diğerleri ise piyasada yerleşik çeşitli aktörlerle rekabet halindedir ve fiyat ya da aksesuarlar – uygulamalar ya da bir kullanıcı topluluğuna ait olma izlenimi veren diğer maddi ya da manevi ekstralar (dolayısıyla topluluk yöneticisi gibi rollerin gelişimi) gibi faktörlere (muhtemelen birleşik) oynayarak öne çıkmak zorundadır. Bununla birlikte, potansiyel olarak daha geniş bir kitleye yönelik olsalar bile, daha az müşteri tuttuklarına inanabiliriz.

YAPI

İş modellerinde gelişmeler ve değişiklikler yapıldığında, yapının tanımı da değişir. Ayrıca, çalışanların şirketin genel stratejisini algılamaları ve yapıya nasıl uyum sağlayacaklarına, yani nasıl ve kiminle çalışacaklarına kendilerinin karar vermeleri için eğitilmeleri gerekir.

Günümüzde sanayi sektöründe ademi merkeziyetçilik giderek yaygınlaşmaktadır. İşleve ve ürüne göre bölümlendirmelerin yerini ülkeler, bölgeler, pazarlar, nüfuslar, ürün türleri vb. gibi kriterler kullanılarak yapılan diğer olası bölümlendirmeler almıştır. Dahası, bölümlerin birbirini dışlaması da gerekmemektedir (süpermarketler örneğini ele alırsak: bir marka, her bir kuruluş içinde ürüne göre alt bölümlere sahip bir coğrafi bölüm oluşturabilir).

Bu durum göz önüne alındığında, genel olarak strateji her bölüm için benzersiz olsa da, şirketin seçimlerini merkezileştirmesi daha da önemlidir. Bu, şirketin küresel olarak hareket etmesini sağlar ve diğer seviyelerdeki kuruluşların kendi bölgelerinde gelişmelerine bırakır. Buna geçici bir yapı diyebiliriz, daha politik ya da olumsal olduğu için göreceli esneklik gösterir, yani çevresine uyum sağlar.

 ## BİLDİĞİM İYİ OLDU

Yapısalcılığa göre, sosyal ilişkiler, ilgili kişiler farkına bile varmadan, sosyal yapılar içinde düzenlenir. Beşeri bilimlerde yapı kavramı 1950'lerde Fransa'da ortaya çıkmıştır. Yapısalcı düşünürler – yani Émile Benveniste (1902-1976), Clause Lévi-Strauss (1908-2009), Roland Barthes (1915-1980) ve Laurice Godelier (1934 doğumlu) – için ilişkinin baskın olduğu organizasyonun vurgulanmasını içerir.

Biyolojide, yapının özelliklerinden biri de kendi kendini düzenlemesidir.

Benzer şekilde, yapı karşılaştığı olaylara uyum sağlar. İlişki yönü baskındır. Bir 'sistem' kavramı, aralarında farklı ilişkilerin kurulduğu önceden var olan unsurları öngörürken, yapısalcılık bir şekilde bir adım daha ileri gider: burada sosyal yapılar bir dizi soyut kuralın sonucudur ve yapının kökeni işleyişiyle birleşir, böylece herhangi bir rahatsızlık kendiliğinden adaptasyona neden olur.

SİSTEMLER

Bu kavram, bir işletmenin günlük yaşamını oluşturan prosedürleri ve işlemleri ifade eder. Bir anlamda takip etmeyi veya izlemeyi içerir: bütçe sistemleri, iç prosedürlere uygunluğun izlenmesi, yasal izleme vb. Bu prosedürleri hesaba katmayan bir strateji, işletmenin gerçek işleyişini göz ardı ettiği için, ilgisi ne olursa olsun başarısızlığa mahkumdur. Ayrıca, bir işletmenin işleyişini değiştirmeye veya sadece analiz etmeye karar verirseniz, prosedürleri ve belirli yönlerin takibini ihmal etmeyin.

PERSONEL

Personel kavramı geniş anlamda ekibi ifade eder: aslında bireylerin becerilerini, bilgilerini, eğitim programlarını, motivasyonlarını, davranışlarını, ücretlerini, hiyerarşilerini, değerlendirmelerini ve terfilerini kapsar. Gerçekte, bir bütün olarak insan kaynakları yönetimini ifade eder.

STİL

Bu özellik, personelinkine benzer şekilde, üst düzey yöneticilerin davranışlarının vurgulanması anlamına geldiğinden seviye ayrımına dayanmaktadır. Yöneticiler ve personel arasındaki bu ayrım, onları birbirinden ayırdığı için üzücü olabilir, ancak değişen liderin bir grup üzerindeki potansiyel etkisini kabul etmek gerekir. Bazıları stilin öneminin sadece liderlerden kaynaklanmadığına itiraz edecektir. Bunu gösteren çeşitli örnekler vardır: bir spor takımında bir oyuncu koçtan daha güçlü bir kişiliğe ya da daha net bir tarza sahip olabilir. Sinemada da benzer şekilde, ikincil bir rolün başrolden daha fazla etkisi olabilir. Ancak bir yönetmen uzmanlığını bu karakterlerin kendilerini ifade etmelerine izin vermek için kullanmaz mı? Peki ya siyaset dünyasındaki güç oyunlarına ne demeli?

 **BİLMEKTE FAYDA VAR: ÜST YÖNETİM VE ÜST DÜZEY YÖNETICILER**

Üst yönetim, özel veya halka açık bir şirketin en üst düzey yönetici fonksiyonlarını ifade eder. Üst düzey yöneticiler genellikle ekiplerini bir araya getirebilen, geleceğe yönelik vizyonlarını ve bu hedeflere ulaşmak için gerekli araçları paylaşabilen güçlü kişiliklerdir. Strateji ve iş hedefleri hakkında kararlar alıyorlarsa, (teorik olarak) bunların sorumluluğunu da üstlenmelidirler: politikalarının başarısından veya başarısızlığından sorumlu tek kişi onlardır.

BECERİLER

'Beceriler' terimi, know-how ve kişiler arası becerileri kapsadığı için bilgi anlamına da gelebilir. Bu kavram da personel ve strateji kavramlarına benzemekle birlikte tamamen aynı değildir.

Beceriler şunları içerir:

- Şirketin veya markanın özellikleri (şirketi rakiplerinden farklılaştıran veya farklılaştırması amaçlanan unsurlar);

- Personel becerileri: Şirket, değerlerini aktarabilecek ve pekiştirebilecek tutum ve becerilere sahip çalışanlar aramaktadır.

Dolayısıyla bu kavram, ilgili kişilerin nitelikleri ile içinde faaliyet gösterdikleri ve gelişimine katkıda bulundukları yapının nitelikleri arasındaki bağlantıların vurgulanmasını içerir.

PAYLAŞILAN DEĞERLER

Paylaşılan değerler modelin merkezinde yer almaktadır. Yapısalcılığa yöneltilen eleĞtirilerden biri, bir Ğekilde sadece yapının olumsallığı olarak görülen çalıĞanların ihmal edildiğine iĞaret etmektedir. Buna yanıt olarak, Pierre Bourdieu (1930-2002) öncülüğünde birçok sosyolog, çalıĞanları yapıdan bağımsız oldukları ölçüde değil, deneyimlerinin ve performanslarının kapsamını yapının gerçekliğinin ayrılmaz bir parçası olarak görerek yeniden değerlendirmek üzere yola çıkmıĞtır.

Elbette herkes kendi seçtiği işe veya duruma sahip olacak kadar şanslı değildir. Ancak, ister hizmet veya ürün kalitesi, isterse de şirketin belirli bir amaca bağlılığı olsun, asgari düzeyde paylaşılan değerler olmalıdır. Salı günü, Pazartesi günü yaptığınız tüm işleri geri aldığınız bir dükkanda çalıştığınızı düşünün. Yaptığınız işin anlamsızlığını görmezden geldiğiniz sürece, değişen motivasyonla, hatta muhtemelen üretkenlik veya kalite açısından hedeflerle devam etme şansınız yüksektir. Öte yandan, sizden istenen şeyin tamamen saçma olduğunun farkına varırsanız ne olur? Devam eder miydiniz? Ne kadar süreyle? Hangi koşullar altında? Benzer şekilde, strateji ve yönetimden bahsettik: bu seviyedeki bir değişiklik personel memnuniyetsizliği yaratabilir (grevler, artan devamsızlık, düşük verimlilik, iş kalitesinde düşüş, bu seçeneğe sahip çalışanların işten ayrılması, vb.) Bunu okuyan herkes, günümüzde veya geçmişte, artık ortak olarak paylaşılmayan değerlerin nasıl gerilimlere veya bölünmelere neden olduğunu gösteren örnekler düşünebilecektir.

Burada en önemli husus, bir şirketin değerleri (bir dizi birey tarafından aktarılan) ile ticari veya üyelik organizasyonları olarak şirketlerin (veya işletmelerin) değerleri arasındaki bağlantıdır. Şirketlerden (küçük harfle 'c' ile) ve Şirketlerden (büyük harfle 'C' ile) bahsedebiliriz, ilkinin değerleri etkili bir şekilde ikincisinin değerlerinin bir varyasyonudur ve bunlarla ilişkili olarak anlam ifade etmeleri gerekir.

SONUÇ

Modelin tüm bileşenleri birbirine bağlı olduğundan, bunlardan birinin değiştirilmesi diğerlerini doğrudan etkilemektedir. Bu nedenle bu çerçeve her zaman dinamik olarak düşünülmelidir. Bir atom şeklinde gösterilmesi, paylaşılan değerlerin merkezi bileşeni önemli olsa bile, kullanıcının mevcut bilgilere ve kullanıcının konumuna bağlı olarak herhangi bir unsurdan başlayarak modeli uygulamasına olanak tanır.

Sonuç olarak, McKinsey 7S çerçevesinin analizinden sonra, bir şirketin veya kuruluşun temeli hakkında genel bir fikir edinmek mümkündür.

SINIRLAMALAR VE GENİŞLETMELER

SINIRLAMALAR VE ELEŞTİRİLER

McKinsey 7S çerçevesinin kurucu makalesi olan ve Belçikalı sürrealist ressam René Magritte'e (1898-1967) atıfta bulunan *Structure is not Organization*'a (1980) göre, bir şeyin temsili o şeyin kendisi değildir. Buna bağlı olarak, bir kuruluşun bu şematik temsili, ne kadar pratik ve iyi düşünülmüş olursa olsun, aslında kuruluşun kendisi değildir. Dolayısıyla McKinsey 7S çerçevesi, iş başarısının felsefe taşı olan diğerlerinden farklı değildir. Bununla birlikte, öznel bilgileri (paylaşılan değerler, ekip, beceriler vb. dahil) entegre ettiği için, bu modelin her şirketin özel durumuna diğerlerinden daha iyi uyum sağlayabileceğine inanıyoruz, çünkü 'şirket kültürünün' spesifik parametresini entegre edebilmektedir. Kendi bileşeni (tarzı) ile dikkat çeken üst yönetim, bir dereceye kadar 'personel'e de dahil edilebileceği için fazla temsil edilebilir.

İnsan ilişkilerinin önemini vurgulayan eylemci tasarımın ardından, 7S çerçevesinin içinde yer aldığı organizasyonel teori, Almanya'da Max Webster (1864-1920), ABD'de Talcott Parsons (1902-1979) veya Fransa'da Michael Crozier (1922-2013) ve Erhard Friedberg (1942 doğumlu) gibi sosyologlar tarafından geliştirilen eylem teorisinin yalnızca bir parçasıdır.

👁 BİLMEKTE FAYDA VAR: EYLEM TEORISI

Bu teoriye göre, herhangi bir sosyal yapı, ilgili kişilerin eylemleri aracılığıyla anlaşılır. Güç ilişkileri, saf tahakküm ilişkilerinden ayrılır: bir bireyin gücü, başkalarını etkileme yeteneğidir. Elbette bu kabiliyet eşit değildir, ancak yerleşik kurallardan ayrılmadan (dolayısıyla eylem sistemi içinde, yani oyunda kalarak) belirsizlik alanları ve dolayısıyla güç yaratabilir.

İLGİLİ MODELLER

Şematik çerçevelerin başarısı göz önüne alındığında, bazıları mevcut modelleri kendi işlerine uyarlamak için geri alıyor. Yönetici sunumlarında 7S gibi çerçeveler düzenli olarak görülmektedir. Yönetimde, akış şemaları – faaliyeti bir bütün olarak gösteren diyagramlar – ve süreç sayfaları benzer mantığı ortaya koymaktadır.

Ayrıca, giderek daha fazla model, akılda kalıcı olmak için aliterasyon veya sorular (kim, ne zaman, nasıl, ne kadar) kullanarak sesle de oynamayı amaçlamaktadır.

Bize göre McKinsey 7S çerçevesinde önemli olan, farklı kavramlar arasındaki bağlantıları doğru bir şekilde sunmak ve insan ilişkilerinin önemini göz önünde bulundurmaktır – pratikte herkesin bunu kendi yöntemiyle yapmasını engellemez. Denenmiş ve test edilmiş bir modele atıfta bulunmak, onu tek tip olarak uygulamak anlamına gelmez.

PRATİK UYGULAMA

TAVSİYELER VE EN İYİ İPUÇLARI

Somut olarak, bir proje bağlamında bir şirketin 7S'sini oluşturmaya veya yeniden düzenlemeye karar verdiğinizde bu ne anlama geliyor?

Nereden başlamalı?

Vaka 1: Bir iş kurmak

Yarın bir şirket kuracak olsam, muhtemelen entelektüel bir yaklaşım benimserdim. Hem bir aktör hem de dışarıdan bir gözlemci olduğum 'meta' bir konumda, stratejimi öncelikle aşağıdaki soruları sorarak tanımlardım:

- Benim ürünüm nedir?

- (Potansiyel) rakiplerime göre konumum nedir?

Teorik olarak, değerlerle ilgili sorular muhtemelen akla gelecek ve ardından modelin diğer bileşenleri gelecektir. Ancak pratikte her zaman bu şekilde ilerleme fırsatımız olmadığı açıktır.

Vaka 2: Mevcut bir işletme

Mevcut bir yapıda, atomun çekirdeğinden, yani değerlerden başlamak daha uygun görünmektedir. Aslında bunlar şirket üyelerinin en düşük ortak paydasıdır.

Dolayısıyla, paylaşılan değerler üzerine düşünmek, her şeyden önce, çalışanlar tarafından neyin paylaşıldığını açıkça ortaya koyacaktır. Doğal olarak, değerler sorusunu yanıtlamak ve içeriklerini kısmen değiştirmeye karar vermek, diğer her şeyi olduğu gibi stratejiyi de etkileyebilir. Örneğin: kârlı olmayan bir hizmeti devam ettirmeli miyiz? Kendiliğinden, olumsuz cevap verme eğiliminde olabiliriz. Ancak söz konusu olan tıbbi bir hizmet ya da bir nakliye hizmeti olduğunda bu soru başka bir anlam kazanır.

Projenin hayata geçirilmesi

Mevcut bir yapıda değişim için bir proje oluşturulurken, çalışanlarla diyalog kurulması bir ön koşuldur. Tersinden hareket etmek, bir tür 'tepeden inmeci' yaklaşım, insanlar için kendilerine rağmen iyilik yapmak istemek anlamına gelir. Totaliter rejimler bu sistemin işe yaramadığını defalarca göstermiştir. İstenen değişim uygun olsa bile, bunu başarmak için kullanılan yöntem başarısızlığa mahkum edebilir.

Artık işi biraz daha iyi tanıdığımıza göre, projemizi hayata geçirmek için doğru soruları sormalıyız:

- İlgili farklı adımlar nelerdir?

- Bunu başarmak için gereken mali araçlar ve kaynaklar (personel ve beceriler) nelerdir?

- Bu yapının özelliği nedir?

- Onu rakiplerinden ayıran nedir?

- Onunla etkileşime girenleri nasıl etkiliyor?

Bu soruları yanıtlayarak, şirketin değerleriyle doğrudan ilişkili olan tarzını tanımlıyor veya yeniden tanımlıyoruz. Strateji ise değerler, beceriler ve içinde gelişeceği çevre (rekabet) dikkate alınmadan belirlenemez.

Projenin değerlendirilmesi

Projeyi değerlendirmek için, nitelikleri ve kusurlarıyla birlikte tüm şirket hakkında kapsamlı bir genel bakış elde etmek amacıyla sistemi (izleme ve prosedürler) analiz etmek hayati önem taşımaktadır.

7S kriterleri üzerinde düşünmek kaçınılmaz olarak eylem için bir çerçeve sağlayan yapının korunmasına veya değiştirilmesine yol açar.

Sorulan sorular ve verilen yanıtlar McKinsey 7S çerçevesindeki farklı kavramların birbirleriyle olan bağlantılarını göstermektedir. Sonunda tüm unsurların dikkate alındığını görürsek, tam olarak neyin bir unsura neyin diğerine dahil olduğunu belirtmek bazen karmaşık görünebilir. Önemli olan, modelin hiçbir yönünü ihmal etmemeyi hatırlamaktır.

ÖRNEK OLAY İNCELEMESİ

Şimdi kamu sektöründe bir aktör ve dolayısıyla bir kamu şirketi olan X şirketine bakacağız. Çeşitli dış raporlar önemli yönetim sorunlarına işaret etmekte olup, bunun başlıca göstergeleri şunlardır

• likit varlıklarda bir azalma;

- Değişmeyen bir hizmet için çalışan sayısının birkaç yıl boyunca sürekli artması anlamında yetersiz insan kaynakları yönetimi;

- cironun %50'sine eşit bordro.

Halka açık bir şirket olan X, bir miktar denetime tabidir ve yönetiminde soru işaretleri yaratan konularda hesap verebilir olmalıdır. Bu durum şirket ile idari denetim arasında gerilim yaratmaktadır. Aynı zamanda, şirket içinde Yönetim Kurulu Başkanı (YK) değişikliği yaşanmaktadır.

İdari denetimi rahatlatmak ve belki de ondan bir nebze kurtulmak isteyen Yönetim Kurulu, yeni başkanın önderliğinde, durumun kapsamlı bir analizini yapması için dışarıdan bir danışman çağırmaya karar verir.

Danışman (kamu sektörü tarafından atanan) McKinsey 7S çerçevesini iyi bilmektedir.

- Durumun hızlı bir ilk analizini yaparak işe başlar, özellikle de mali açıdan: gelir ve son yıllardaki sonuçlardaki değişimler, ana gider kalemlerinin analizi, brüt işletme kütlesi, vb. Bulguları sadece idari denetimin bulgularıyla örtüşmekle kalmıyor, aynı zamanda çok daha ciddi sonuçlar sunarak onları güçlendiriyor.

- Bu ilk 'resmi' gözlem yapıldıktan sonra, esas olarak mali bir raporun gerçekleştirilmesi özellikle sahada bulunmayı gerektirmediğinden, şirkette çalışır ve üst düzey yöneticilerle atölye çalışmaları yürütür. Bu, organizasyon ve lojistik alanındaki eksiklikleri, şirket içi gerilimleri, yetkinlik sorunlarını vb. vurgulayan bir dizi yeni bulguyu ortaya koyar.

- Danışman şirketin misyonunu ve hedeflerini net bir şekilde anladıktan sonra, görevi somut önerilerde bulunmaktır. Önerilen çözümler atölye çalışmalarının sonucudur, bu nedenle şirket çalışanlarıyla mutabakat veya ortaklık içindedir ve kısmen uygulanacaktır.

- Böylece, X derinlemesine yeniden organize edilecektir: personelin önemli bir kısmının (işçilerin üçte biri) işten çıkarma veya erken emeklilik yoluyla ayrılması kaçınılmaz olsa da, bu durum sosyal açıdan katlanılması zor bir durumdur, ancak bir greve neden olmayacaktır.

Danışmanın yaklaşımını gözlemlediğimizde, düşüncelerine 7S çerçevesinin özünden başladığını fark ediyoruz. İlk olarak çalışanların işlerini yürütürken paylaştıkları değerleri göz önünde bulundurur. Daha sonra personele ve onların niteliklerine ve kusurlarına odaklanır. Sorunlar, sistem (prosedürler gibi) ile personel arasındaki uyumsuzluklar ışığında analiz edilir. Örneğin, bazı görevlerin açıkça tanımlanmadığı veya kısmen iki kez yapıldığı ve birçoğunun kendilerine verilen görevleri yerine getirmek için gerekli araçlardan veya becerilerden yoksun olduğu görülmektedir.

Danışman, iç prosedürleri netleştirerek sistem üzerinde ve aynı zamanda yetkinlikler üzerinde de çalışır.

Ayrıca, farklı kişiliklerle ve aynı zamanda dış siyasi faktörlerle ilgili bir dizi gerilimin de farkındadır. Daha önce de söylediğimiz gibi, sunulan hizmette herhangi bir değişiklik olmaksızın işçi sayısı keskin ve hızlı bir şekilde artmıştır. BOD'un (bir kamu şirketi) siyasallaşması nedeniyle, bazı çalışanlar diğerlerine göre daha az 'meşru' görünmektedir. Bu özel durumda danışman, bu meşruiyet meselelerinden nispeten etkilenmeyen iki yeni yönetici ile çalışmaktadır: finans müdürü ve Yönetim Kurulu Başkanı.

İş dinamiğine rağmen ve hatta bir dereceye kadar bu nedenle, şirketin müdürü de dahil olmak üzere bazı çalışanlar arasında gerilim ve bölünmeler yaratılır. Müdür meşruiyetini kaybettiğini hissetmekte, bazı kararları ve eylemleri sorgulanmaktadır. Bu arada, Başkan da sürece dahil olur: işçiler ve Yönetim Kurulu arasında bir arayüz görevi görür ve daha iyi bilgilendirme ve üyelerin daha fazla katılımıyla tüm Yönetim Kurulu'nun yeniden canlandırılmasına yol açan önemli çalışmalar sağlar. Bu gerilimler, danışmanın sistem üzerinde çalışarak yapıyı sarstığını ortaya koymaktadır. 'Saha' çalışması, yapıyı kaçınılmaz ve önemli bir yeniden yapılanmaya uyum sağlamaya zorlamıştır.

Yeni yöneticilerin liderliğinde, danışmanın tavsiyelerine uyarak ve alt düzey çalışanların çoğunun desteğiyle yöneticiler – Yönetim Kurulu – şirketin stratejisini yeniden tanımlayabilir. Elbette misyonlar organik bir çerçeve ile tanımlanmıştır, ancak bu çerçeveye göre hareket etme şekli onlara kalmıştır. Bu durumda strateji aşağıdaki gibidir:

- yöntemin uyarlanması;

- Şirketin misyonu ve bunu destekleyen değerler doğrultusunda hedefler belirlemek. Bir kamu limited hizmet şirketi olduğu ve kendisini piyasada özel aktörlere göre konumlandırmadığı için stratejik yönü daha sınırlıdır.

Tarz açısından, Başkanın değişmesi belirleyici bir faktördür: belirli bir dinamizm ve yeni bir katılım artık bu yönetim organını canlandırmaktadır. Çeşitli raporlarda dile getirilen eksiklikler nedeniyle zor durumda kalan ve danışmanın çalışmalarına katılmayan direktör izole edilmiştir. Yönetim kurulu tarafından terk edilen müdür, erken emeklilik planının bir parçası olarak şirketten ayrılmayı tercih etti ve finans müdürü hemen onun yerine geçti. Bir bakıma, mali işler müdürü ve başkan danışmanla muhatap olan iki ana kişi olduğu için dönüp dolaşıp aynı noktaya geliyoruz.

X şirketinin yeniden yapılanmasının sosyal çatışmalar olmadan (özellikle grevler olmadan) tamamlandığını unutmayın. Bugün, sosyal iklim geçmişte olduğundan çok daha iyi. Görev ve hizmetlerin yeniden tanımlanması nedeniyle daha uyumlu bir şekilde işliyor. Bununla birlikte, bazı becerilerin hala içsel olarak eksik olması da dahil olmak üzere bazı ayrıntılar çözülmeyi beklemektedir. Bunun çeşitli nedenleri vardır:

• İlk olarak, mevcut personel genellikle yetersiz niteliklere sahiptir.

• İkinci olarak, mevzuat açısından bakıldığında, büyük bir yeniden yapılanma gerçekleştiren bir şirket önümüzdeki üç yıl boyunca yeni personel istihdam edemeyeceğinden, şirketin faaliyetlerini ve hizmet düzeyini sürdürmek için kaç çalışana ihtiyaç duyulduğunun belirlenmesi gerekmektedir. Bu yaklaşım, gerekli tüm becerilere sahip olmak zorunda olmadan küçük bir ekip oluşturmak için istenen ayrılma sayısının hesaplanmasını içerir.

Son olarak, danışmanın düşüncesine 7S atomunun merkezinden (paylaşılan değerler), yani tüm çalışanların ortak noktalarından başladığını vurgulamak isteriz. Daha sonra, çerçeve boyunca 'yolculuk' yapmıştır ki bu tamamen kabul edilebilir bir durumdur. Bileşenlerin birbiriyle bağlantısı ve hiyerarşi eksikliği, bize göre modelin en güçlü yanlarından birini temsil etmektedir.

ÖZET

- McKinsey 7S çerçevesi, yönetimde, özellikle de yeni projelerin uygulanması veya bir şirkette yapılacak değişiklikler sırasında kullanılan bir kurumsal teşhis modelidir. Başarısı, ilginç bir dizi parametreyi göz önünde bulundurmanıza izin vermesinden ve bunların birbirleriyle olan bağlantılarını vurgulamasından kaynaklanmaktadır.

- 1980'lerde ortaya çıkan bu model, sosyal bilimlerdeki (yapısalcılık ve sosyal ilişkilerin geliştirilmesi) ve ekonomideki (şirketlerin melezleşmesine ve uluslararasılaşmasına yol açan ticari ve iş yapılarının değiştirilmesi) değişikliklerin bir sonucudur.

- McKinsey 7S çerçevesinin teorisyenleri Robert Waterman, Thomas Peters ve Julien Philips'tir.

- Bu model, bir kurumu oluĢturan çeĢitli unsurlar arasındaki etkileĢimleri dikkate alma avantajına sahiptir. Buna ek olarak, insan ilişkilerine ve niteliksel yöne de vurgu yapılmaktadır.

- Ancak bu model de diğerleri gibi kendi içinde bir amaç değil, bir araç olarak kabul edilmektedir. Ayrıca, insan ilişkilerine, paylaşılan değerlere ve yönetime verdiği önem göz önüne alındığında, öznel kriterlere veya nitel verilere öncelik vermektedir. Bu nedenle, bazıları daha çok ekonomik ve ölçülebilir verilere odaklanan yaklaşımları tercih etmektedir.

DAHA FAZLA OKUMA

KAYNAKÇA

Bajoit, G. (1992) *Pour une sociologie relationnelle*. Paris: PUF.

Bourdieu, P. (1979) *La Distinction – critique sociale du jugement*. Paris: Éditions de Minuit.

Bourdieu, P. (2002) *Questions de sociologie*. Paris: Éditions de Minuit.

Crozier, M. ve Friedberg, E. (1977) *L'Acteur et le Système*. Paris: Seuil.

Desveaux, E. (2008) *Au-delà du structuralisme. Claude Lévi-Strauss üzerine altı düzenleme*. Paris: Complexe.

Lévi-Strauss, C. (2003) *Anthropologie structurale*. Paris: Pocket.

Tom Peters'ın web sitesi: http://tompeters.com/

Waterman, R. H., Peters, T. J. ve Philips, J. R. (1980) Structure is not Organization. *Business Horizons*. 23(3), s. 14-26.

Sizden haber almak istiyoruz!
Çevrimiçi kütüphaneniz hakkında yorum bırakın
ve favori kitaplarınızı sosyal medyada paylaşın!

IMPROVE YOUR GENERAL KNOWLEDGE
IN THE BLINK OF AN EYE!

www.50minutes.com

Yayıncı, yayınlanan bilgilerin güvenilirliğini garanti eder,
ancak sorumluluğunu üstlenemez.

Ana ISBN: 9782808600538
Kağıt ISBN: 9782808601986
Yasal depozito: D/2022/12603/199

Dijital tasarım: Primento,
yayıncıların dijital ortağı.